Eva-Maria Mehrgardt

Das Stöckelschuh Paradigma

Eva-Maria Mehrgardt *1952, freischaffende bildende Künstlerin, lebte lange Zeit in den Niederlanden und einige Jahre in Indien. Heute wohnt und arbeitet sie in einem kleinen Dorf im Norden Deutschlands. In ihrer Kunst untersucht sie die Geschlossenheit von Systemen und deren dahinterliegende Transparenz. In Momenten des "Zwischen" entstehen Bilder und Geschriebenes in einer Offenheit und Vielsprachigkeit, die sich genauen Definitionen entziehen will. Das ganze Bild ist die Gestalt, die in das konzeptuelle Denken die unmittelbare Erfahrung der Wirklichkeit integriert. Sie ist Mittlerin und ihr Ort ist überall.

Publikationen:

"Selbst und Selbstlosigkeit. Ost und West im Spiegel ihrer Selbsttheorien" Interdisziplinäres Buchprojekt mit Dr. M. Mehrgardt, EHP Köln 2001.

"Volle Leere" in Gestalttherapie. Forum für Gestaltperspektiven, 22. Jahrgang, Heft 1, EHP Köln, 2008.

Zeichnungen und Fotoarbeiten in "Profile 21." Internationale Zeitschrift für Veränderung, Lernen, Dialog. EHP Bergisch Gladbach, 2011

"Schön Alt. Leben im Alter." bilwiz Ringsberg, 2014

Bibliografische Information der Deutschen Nationalbibliothek: Die Deutsche Nationalbibliothek verzeichnet diese Publikation in der Deutschen Nationalbibliografie; detaillierte bibliografische Daten sind im Internet über www.dnb.de abrufbar.

Herausgeberin: bilwiz / Eva-Maria Mehrgardt, Ringsberg, DE
www.bilwiz.info, 1. Ausgabe Mai 2017
Herstellung und Verlag: BoD-Books on Demand, Norderstedt, DE
ISBN: 978-3-744--82331-9
Umschlagentwurf und Grafik: © Eva-Maria-Mehrgardt

Zeichnungen und Gedichte

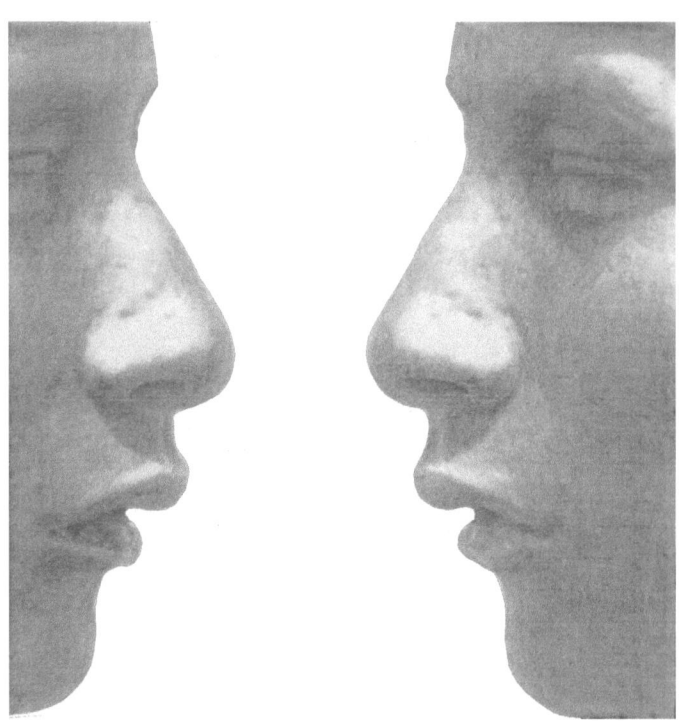

Dickicht

Wie ein Gedicht schlingert
Durch das Gedickicht
Ein dicker Blick

Verdichtet in Licht
Strickt den Blick
Wieder ein Gedicht

Dickicht verstrickt
Den Blick fürs Gedicht
Und für das Licht

"Die heute noch herrschende Ethik ist ihrer Methode nach eine statische, mit dem Festen als Grundbegriff. Aber da man auf dem Wege von der Natur zum Geiste gleichsam aus einem starren Mineralienkabinett in ein Treibhaus voll unausgesprochener Bewegung getreten ist, erfordert ihre Anwendung eine sehr komplizierte Technik der Einschränkung und des Widerrufs, deren Kompliziertheit allein schon unsere Moral zum Untergang reif erscheinen lässt." ...

"Hier ist das Heimatgebiet des Dichters, das Herrschaftsgebiet seiner Vernunft. Während sein Widerpart das Feste sucht und zufrieden ist, wenn er zu seiner Berechnung so viel Gleichungen aufstellen kann, als er Unbekannte vorfindet, ist hier von vorneherein der Unbekannten, der Gleichungen und der Lösungsmöglichkeiten kein Ende. Die Aufgabe ist: immer neue Lösungen, Zusammenhänge, Konstellationen, Variable zu entdecken, Prototypen von Geschehensabläufen hinzustellen, lockende Vorbilder, wie man Mensch sein kann, den inneren Menschen erfinden."

* Robert Musil

* Wilfried Berghahn: Robert Musil, S.83

Am Rand

Oder ein Klang
der oben an der Flussbiegung
seinen Lauf ins Hinterland
nimmt im Gesäusel
des Wassers mich mit
weit hinaus auf das Meer

Sagt das Loch im Sand
während es über den Rand guckt
die Wahrheit sei so vielfältig
wie der sich aufstülpende Rand
der Berge im Land

Falten und Brüche bestimmen
das Vielerlei der Dinge
nur begrenzt durch mein Schauen
und weil ich es so will

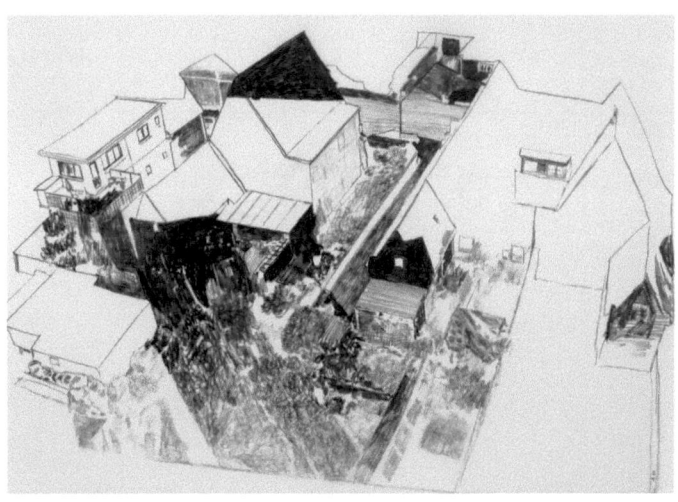

Sonnenuntergang

Der Sonnenuntergang sträubt sich
unter meinen Füßen mehr zu sein
Ich aber gebe der Landschaft einen Schubs
und bastele mich hinterher

Im Abendlicht scheinen
Fenster lila-lichtflimmernd
Der Bürger kennt seinen Bau
nicht aber seine Gestalt

Und ich singe an die Eiche
Abendlied vom Blätterkranz
Erde mächtig und schwer
segnete unsere Schritte

Ich Ein noch Zwei im Berge
hinter dem Abendlicht finde ich
im Dämmern mein Gesicht
so schwarz-weiß glühend so rot

Ich Eins und Zwei auf der Straße
bewege die Beine im Takt
Ein Lied kommt aus den Bäumen
was haben Sie denn gedacht

Meditation

Den Nacken spannt das Knie
im Vorübergehen
fallen Klänge wie Tropfen
Es nüdelt in meinem Kopf
Semmelfabrik
Tu nichts, werd eine Blume
oder Tankwagen im Dorf

Arbeitsloser Samurai

Demontiert Farben

spielen, spielen

Nichts passiert
Dichte

Der Dichter schreibt Gedichte

Maler malt
Sitzt allein

Die Mönche waren in den Wald zu Fuß
schneiden hohe Kiefern

Und mit alten Schuhen
einen Teil der Tanne
In eine Schüssel geben sie dann
Die nach unten gebogene Blume

Blumen sollen bleiben wie sie sind
Zeig (mir) die Erde

Die Blumen in der Mitte
Geben die Menge

Wunder sind die Dinge
Meister jeder gegebenen Zeit
trinken aus dem Schädel

dort zu berühren

Jede Art von Regenbogen

zu zart

Ich Holzfeuer
Ich atme in den Staub

Ich bin ein Soldat

Ich schlucke die Sonne und den Mond
und trage die Sterne wie Juwelen

Ich schluckte die Sonne und den Mond
und die Sterne tragen mein Eigentum

Zu fließen beginnen die Leeren
trinken aus dem Schädel

Anstelle von Trommeln

Blumenbild

Erde fegen
Erde zeigen.

Der Dichter schrieb Gedichte

Maler malt
Sitzt allein

Farben zerlegt, zwingen
dort spielen, spielen
Hier und dort zu berühren
zu zart und zu sacht

Wunder sind die Dinge, wie sie sind

Tiger und Löwen und Geparden

Die die Dschungel durchstreifen
Beweisen die Kunst
der Poesie sehr direkt

) Ich

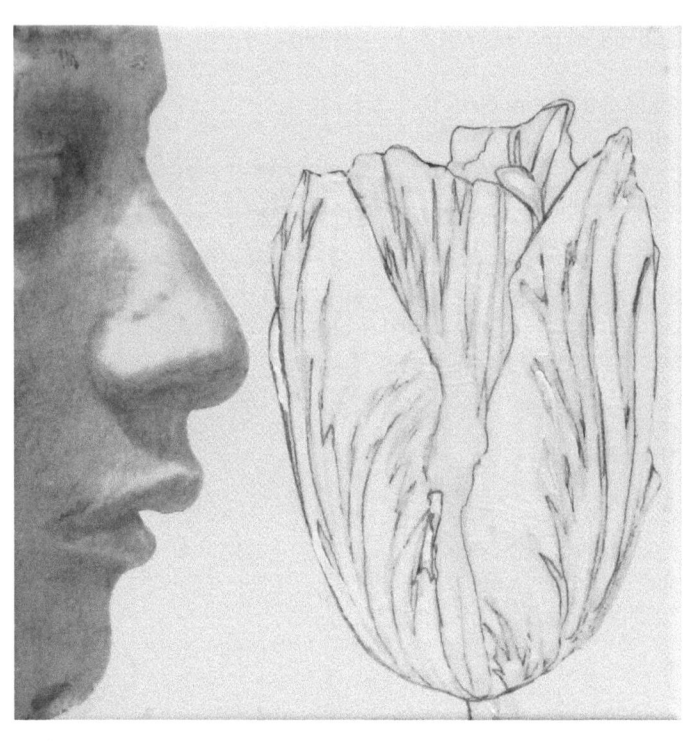

Ich trinke das Feuer
Ich atme Erde

Ich bin die Kriegerin
Ich schlucke Sonne und Mond
Und trage die Sterne wie einen Schmuck

Eroberin des Universums
Helden haben keinen Ort

Orte im Raum
bewusst einsam
Lockere die Dinge
wie sie sind

Das Bild einer Blume
innerhalb der Leere

                    Jede Art von Regenbogen

Entwickeln Worte
sogar für den Tisch

So stellen wir sicher,
die Kiefer ist glücklich
und wir legen die Blumen in die Mitte

Auge ohne Nächte

Hoppla, ohne die Nacht
hätte der Tag die Luken zugemacht.
Deinem nächtlichem Sternenbusen
gibt das Licht die Dauer in Zeit.

In der Nacht sehe ich rund
kunterbunt kugeln Sterne in eigene Richtung
Das Gras beugt sich still
und es ruft ein Vogel im Traum.

Oben will unten werden im Rausche
meiner täglichen Saumaugen,
Habe ich den Tag beschäftigt
im Blickfeld der Kugelerde.

Der Mann, der das Auge erfand,
Nachtaugenschwarm, Flotterlotte,
Ein Günstling der Zeit verronnen
im Auge ohne Nacht.

Hühnergötter

Weiße Nächte jetzt
gewollt wo und
sanft für wen im Garten
Draußen in der Stadt
wehen die Bäume ein Lied
ganz im Kleinen die Hühnergötter
Gewusst wie

Wie gehabt
Löcher im Himmel
was das Zeug hält
verspricht es nicht
Plastik-Latschen gegen den Sommer
die Schneider falten Gummiröcke im Zoo
Gewusst wo

Weiße Nächte jetzt,
und die Leute sterben
aus Herumgehen
drinnen im Zimmer
sanft für wen im Garten
wo das Zeug hält
Und wie gewollt

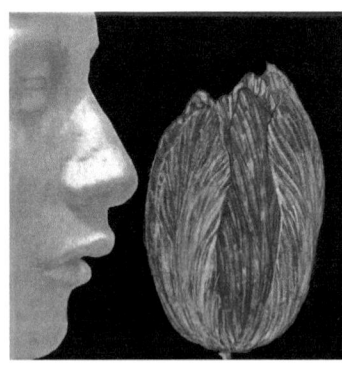

Jetzt

Den kleinen Igel im Nachsommer
kopiert und eingefügt
Die Kälte ist schon da

Mutter ich habe deinen Namen
den Menschen kundgetan
Und ich singe in den Wind

Die Kellerasseln kriechen
die Wände herauf weils regnen soll
Und der Winterschlaf kommt schnell

Die Kleinen sollen sehen
Morgen ist kein Tag mehr
Und gebiert nichts neben mir

Des Lichtes Kunde aber
ist sein Strahlen
Wie dem Igel sein Fell

Das Bild eines Wesens
findet sich auf zwiefache Weise
In einem Anderen

Das Stöckelschuh-Paradigma

Der Zweck ist die Höhe
das Mittel der Stöckelschuh
Die Höhe ist heilig

Da die Höhe heilig ist
ist die Tiefe der Zweck
Des Gegenteils von Stöckelschuh

Das Mittel: kein Stöckelschuh
der Zweck ist die Tiefe
Die Tiefe ist heilig

Kein Mittel ohne Gegenteil
Kein Stöckelschuh
ohne kein Stöckelschuh

Stöckelschuh heiligt die Höhe
kein Stöckelschuh die Tiefe
Die Mittel sind heilig

Kein Zweck ohne Heiligkeit
alle Mittel heiligen den Zweck
Alles ist heilig

Keine Stöckelschuhe
Keine Mittel keine Heiligkeit
Keine Unheiligkeit

Lapislazuli

      Abendlicht

gebrannt
  im Schnee

  meine Füße
          Wellen
            zwischen Himmeln

weich schimmern

gleißend fließende Lichter

        und diamantene Wasser

    Laufe

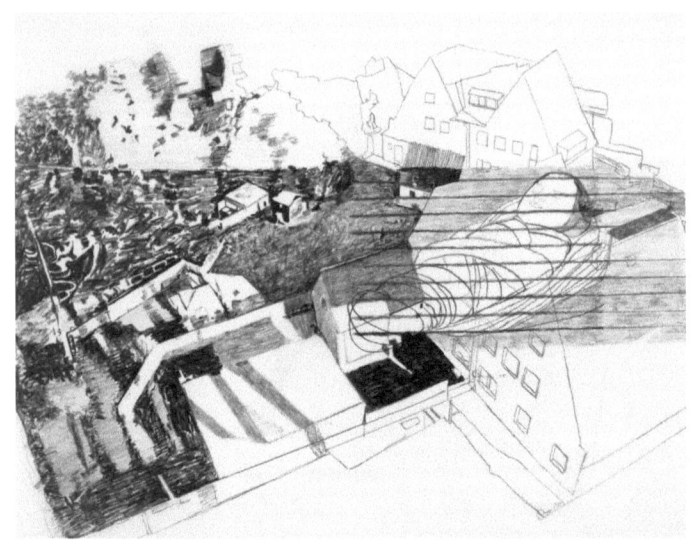

Nach jedem Winter

In beschwingten Strömen von Zeit
in zu Mannigfaltigkeit ausgebreiteter Einheit
Den Menschen die lachen und lauschen
sei das Donnern eines Motors ihr Komma im Sein

Die Bäume rauschen verweile verweile
umhülle die Kühe im Windschatten der Kirche
Und hinter den Bergen das Raunen und Drängen
eines sich stauenden Flusses aus Zeit

Das Brüllen einer Kuh im Windschatten
wirft Licht auf die Kirche
Und die Berge die lachen und lauschen
in eine Zeit, die groß wird

H.

Neue Tage zeigen
dein Haus im Blau
deiner Stimme versenkt

Dein Gesicht
im Wiegen der Gräser
Abgesang

Schlummer fällt jetzt
Mittage
und füllt die Zeit

Mit dem Regen
wird dein Reich
in Träume gespielt

Wiege Waage
dein Gericht und
vorbei den Höhen

Lass ewig sein
und spiele dein Licht
und immer die wiegenden Gräser

Nimmerdar

Höre Popanz dein Lied.
im Immerdar
Grüne Platte der See
hat schwarzes Öl geschluckt

Siehe Popanz dein Werk
Weißer Himmel die Nacht
hat Licht gespuckt
Nimmer dar

Märchenwaldstunde jetzt
Grünzeugplattensee
gleißend nahe Sterne
haben Gier gespuckt

Immerdar

Ein Fasan fliegt auf
und in der Stadt
rühren die Wolken
Hinein zu weben
in die Zone die Fußgänger

Und eine Frau heißt
Lore im Nieselregen

Weiß ich dich
im Gesicht dieses Licht
kenne mich nicht
und rühre dich an

Zeit reißt Löcher auf
Reif tut sich hinein

Genormt

Großzügig sesselhaftig
genormt im Regen
mein Feld
im Fall die Falle

Gesegnet kariert
bis zum Aushalten
kurzweilig das Programm
mein Regen im Feld

Regenbogennase mein Schatz
im Kammerglühlicht
dein Regen
im Fall der Falle

Schlägt zu
kariert im Stillen
großzügig und sesselhaftig
genormt im Regen

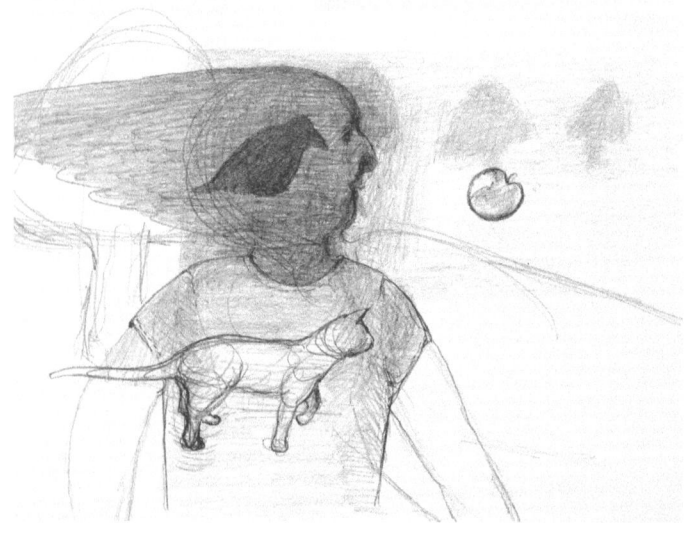

Schimmersprache

Fern vom Tosen der Städte
schimmern Moose
tränkt Tau meine Sinne
gründurchflutet das Gesicht
mein Gras blüht Blumen hervor
und es singen die Tropfen
mein rauschendes Lied

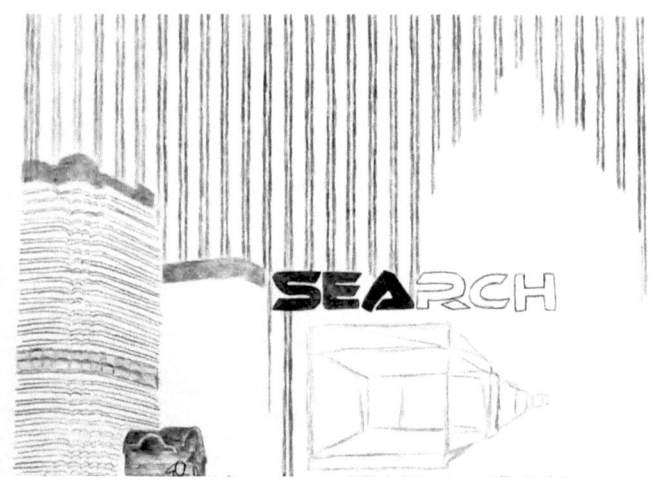

Wohlfeilrand

Wärme nur am Rand
die Reibung binde zusammen
und nenne sie Du
Professor Jemand
Rand und Band

Ich kenne dich und sage wir
esse soviel Schokolade wie ich kann
Der Garten ist so eine Art Gebet
Typ pulsierendes Leben
rund im Schlund

Schonmal gelutscht
an den Rändern entsteht die Welt
Eis am Illymani schmeckt nun mal
besser vom Rande her
Wohlfeil meine Zunge

Engelgeil

Gesicht zeigt sich nicht,
im Seebad der guten Laune
Beamtengemütvoll
und Sahnetortengeil

Mit Glas durchbrochen
die Monumenten Galashow
Interessant und wegweisend
erstarrend im Bunkerbauch

Ein Kind der Zeit
Milchkaffee an der Wachstumsglocke
Läutet ein die Zeitzone im Angebot
und das Lodern im Kunstbunker

Ich aber esse Radieschen
wie es sich gehört
mit den Fingerspitzen

Frau Baselitz

Ich seh, ich seh

Ich seh ich sehe was du nicht siehst
ich bin ich bin was du nicht bist
ich kauf ich kaufe was du kaufst
du läufst du läufst ich laufe dahin
wohin läufst du (Geliebteste)

Ich fühl ich fühle was du fühlst
ich denk ich denke was du denkst
ich seh ich sehe nur mich allein
ich bin ich bin genau wie du
wohin bist du (Geliebtester)

Ich rieche ich höre ich schmecke ich seh
ich taste zu deinen Worte den Sinn
und sehe dir zu bei jedem Schritt
ich kann ich kann gemeinsam allein
zusammen unser (Geliebtestes) sein

Ode an das Blattgrün

Chlorophyll Chlorophyll
Chlorophyll Chlorophyll
Chlorophyll Chlorophyll
Chlorophyll Chlorophyll
Chlorophyll Chlorophyll
Chlorophyll Chlorophyll
Chlorophyll Chlorophyll
Chlorophyll Chlorophyll
Chlorophyll Chlorophyll

Kurzweilkiller

Fern sehen, weit fühlen,
prima laufen, Sachen kaufen

Schall gibt's überall
Gelesen wo, wie's geht auch
Völle im Bauch

Leidkultur

Investieren integrieren kommunizieren
Innovieren merkantisieren begieren
Sich zieren markieren und verlieren
Wer hier daheim ist sortieren

Garantieren verzieren verabsolutieren
Problematisieren und negieren
Generieren bonieren generalisieren
Traumatisieren und regieren

Geschäftsmodell

Integriert, garniert und
garantiert arisch kariert

Manieriert bis pikiert
auf Morgen frisiert

Geziert, rasiert
und reich verziert

Wer erfriert
der verliert

Nur hereinspaziert

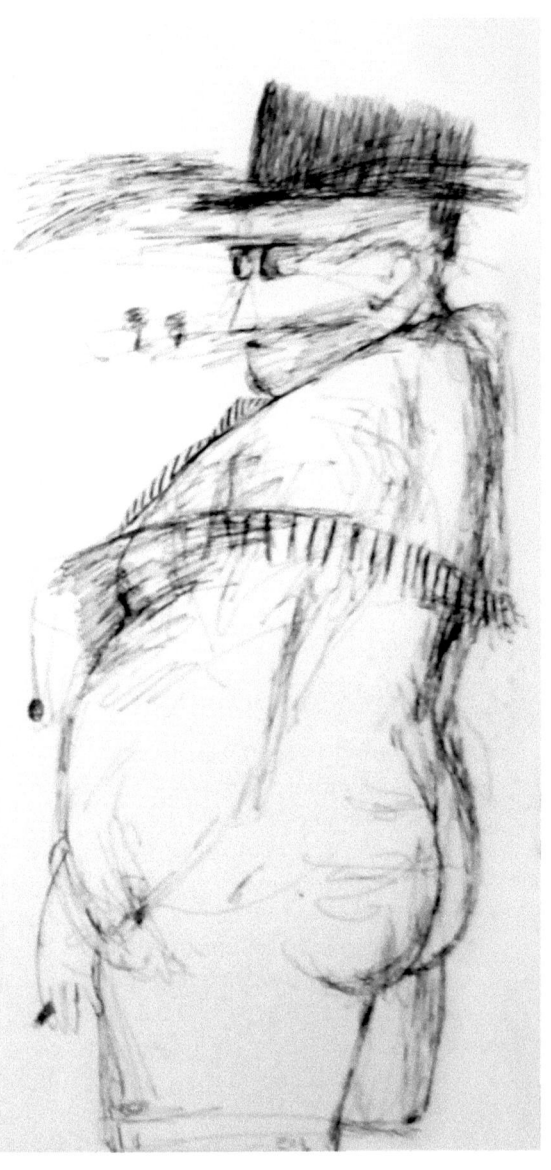

Pfauenauge

Folge Herztier zartes Gebinde
in das Licht vorbei der Treppe
durch die Tür und hinaus ins Freie

Schaue in seinem Fluge
den Schwung des Glücks
denn Freiheit muss im Herzen binden
wie Raumgefühl die Schmetterlinge

Die andere Seite der Luft

Allseits daneben
niemals nicht hier
nicht eins noch zwei
Und immer gewiss

Flugengel und
Luftbahnweite
hierher oder dorthin
Aller Orten

Kapsones
mitnichten sicher
immer dort und
Allzeit hier

Fixstern heißt nicht
es gäbe keinen Schein
hier und da Zwei
Doch Eines bleibt es

Das wär's dann schon
gelernt das Gedicht
Es ist das Licht

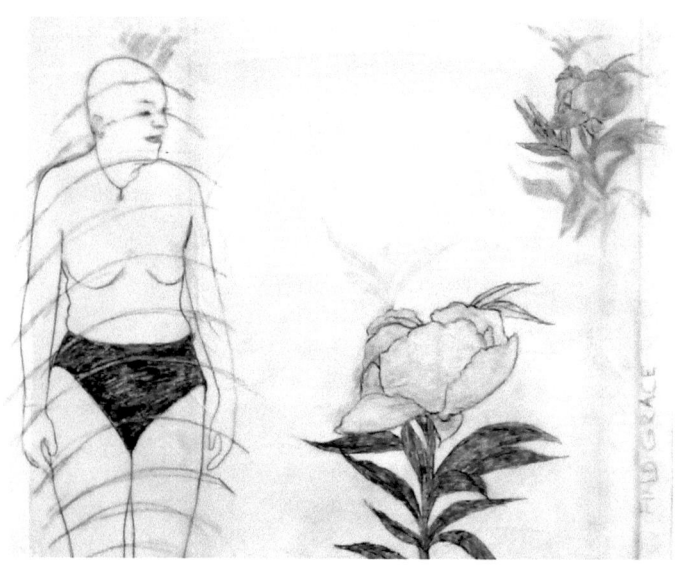

Zeitung lesen

Ein Riesenloch in der Zeitung
Im Loche Handlungshoheit

Gehe über den Horizont
Füße laufen laut

Ich schau auf meine Beine
Ich laufe von alleine

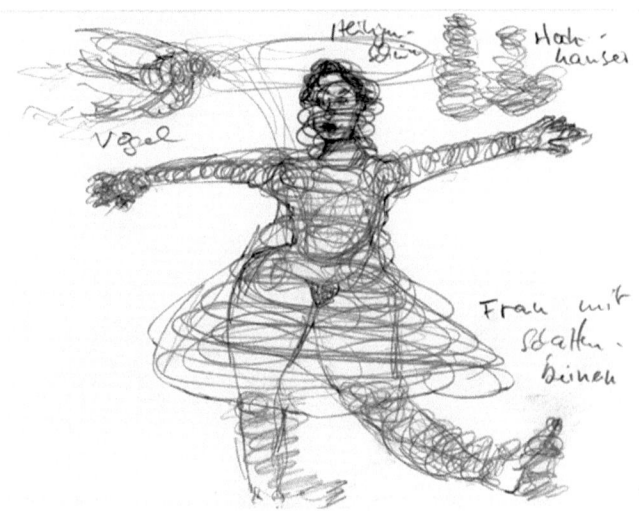

Wer kennt schon Araca?

Familienleben in den bolivianischen Anden
1914 – 1926

Christa Mehrgardt hat vor Jahren damit an-
gefangen, die Briefe und Fotos ihrer Eltern
aus Südamerika zu Beginn des 20. Jahrhun-
derts zu sammeln. Die Geschichte ihrer El-
tern ist außergewöhnlich. Die Tagebücher
ihres Vaters und die Briefe ihrer Mutter
sind ein zeitgeschichtliches Dokument, das
sie nicht verlorengehen lassen wollte. Aus
vielen Puzzlestücken setzte sich dann etwas
zusammen, das zu einer großen und span-
nenden Geschichte wurde.

ISBN: 978-3734764035